School - школа   2
Törn - путешествие   5
Transport - транспорт   8
Stadt - город   10
Landschop - ландшафт   14
Spieslokal - ресторан   17
Supermarkt - супермаркет   20
Drünk - напитки   22
Eten - еда   23
Buernhoff - ферма   27
Huus - дом   31
Wahnstuuv - гостиная   33
Köök - кухня   35
Baadstuuv - ванная комната   38
Kinnerstuuv - детская комната   42
Tüüch - одежда   44
Büro - офис   49
Weertschop - экономика   51
Profeschonen - профессии   53
Warktüüch - инструменты   56
Musikinstrumenten - музыкальные инструменты   57
Deertenpark - зоопарк   59
Sport - спорт   62
Aktivitäten - действия   63
Familje - семья   67
Lief - тело   68
Krankenhuus - больница   72
Nootfall - неотложный случай   76
Eerd - земля   77
Klock - часы   79
Week - неделя   80
Johr - год   81
Formen - формы   83
Farven - цвета   84
Gegendelen - противоположности   85
Tallen - цифры   88
Spraken - языки   90
wokeen / wat / wo - кто / что / как   91
wo - где   92

Impressum
Verlag. BABADADA GmbH, Nedderfeld 112 , 22529 Hamburg
Geschäftsführer / Verlagsleitung: Harald Hof
Druck: Books on Demand GmbH, In de Tarpen 42, 22848 Norderstedt

Imprint
Publisher: BABADADA GmbH, Nedderfeld 112 , 22529 Hamburg, Germany
Managing Director / Publishing direction: Harald Hof
Print: Books on Demand GmbH, In de Tarpen 42, 22848 Norderstedt, Germany

School

школа

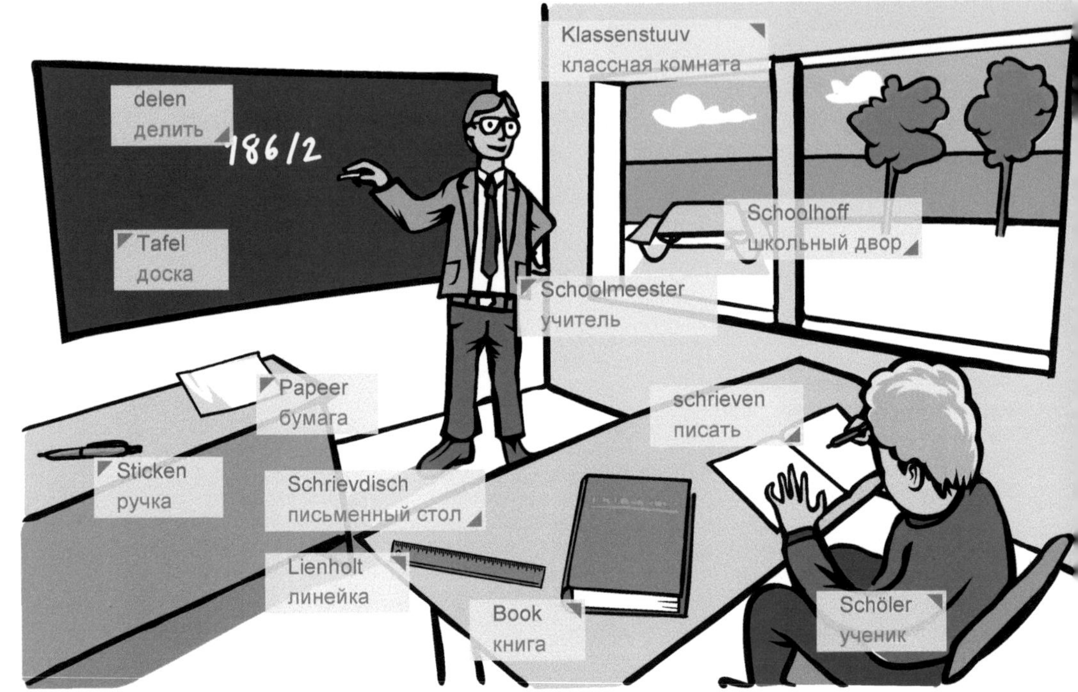
Klassenstuuv
классная комната
delen
делить
186/2
Tafel
доска
Schoolhoff
школьный двор
Schoolmeester
учитель
Papeer
бумага
schrieven
писать
Sticken
ручка
Schrievdisch
письменный стол
Lienholt
линейка
Book
книга
Schöler
ученик

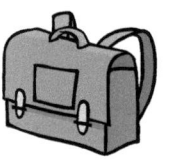

Ranzel

ранец

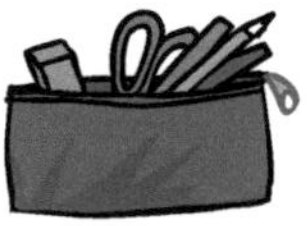

Feddermapp

пенал

Bleesticken

карандаш

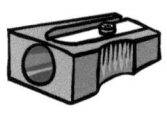

Scharpmaker

точилка

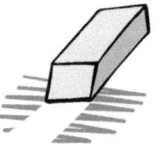

Radeergummi

ластик

Tekenblock

альбом для рисования

Teken

рисунок

Pinsel

кисточка

Malkassen

коробка красок

Scheer

ножницы

Klever

клей

Heft to'n Öven

тетрадь

Huusopgaav

домашняя работа

Tall

цифра

2+2

tohooptellen

прибавлять

5-2

aftrecken

вычитать

2×2

malnehmen

умножать

reken

считать

A

Bookstaav

буква

ABCDEFG
HIJKLMN
OPQRSTU
VWXYZ

ABC

алфавит

hello

Woort

слово

Text

текст

lesen

читать

Kried

мел

Stunn

урок

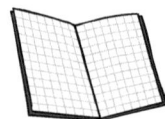

Klassenbook

классный журнал

Pröven

экзамен

Tüügnis

диплом

Schooluniform

школьная форма

Utbillen

образование

Nakieksel

энциклопедия

Universität

университет

Mikroskop

микроскоп

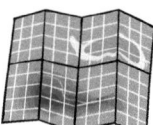

Koort

карта

Papeerkorf

корзина для бумаг

Hotel
гостиница

Harbarg
турбаза

Wesselstuuv
пункт обмена валюты

Kuffer
чемодан

Auto
автомобиль

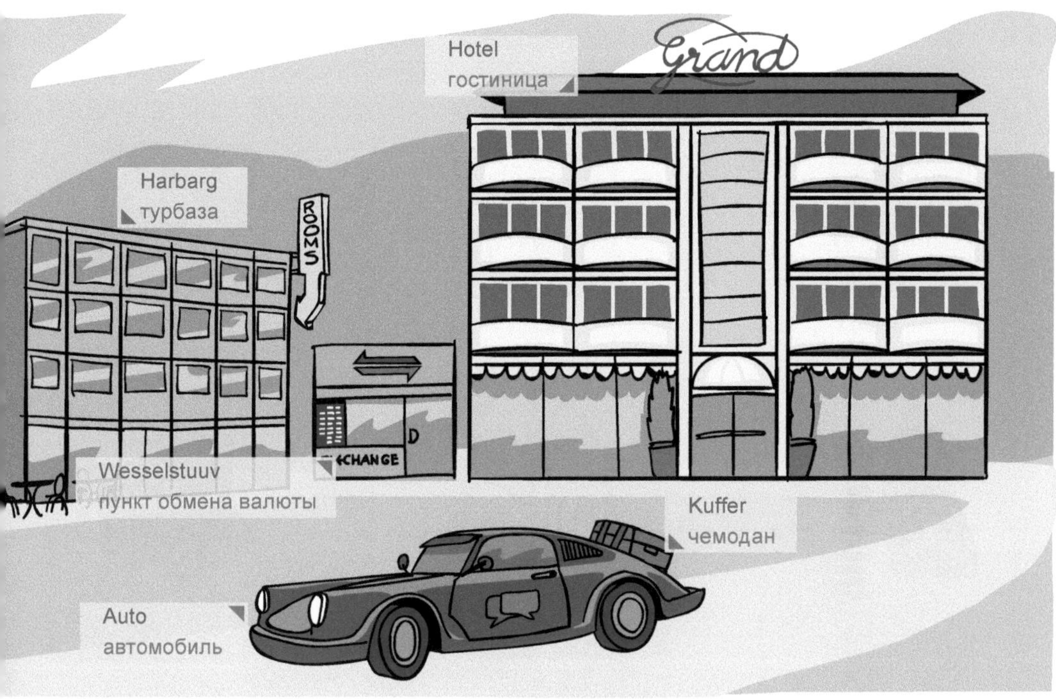

Spraak

язык

jo / ne

да / нет

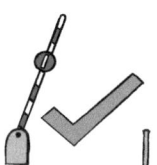

Jo

хорошо

Moin

Привет

Översetter

переводчик

Dank ok

Спасибо

Wat kost…?

Сколько стоит…?

Ik verstah nich

Я не понимаю

Problem

проблема

Goden Avend

Добрый вечер!

Moin!

Доброе утро!

Gode Nacht!

Доброй ночи!

Tschüüs

До свидания

Richt

направление

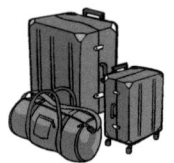

Bagaasch

багаж

Tasch

сумка

Rüchsack

рюкзак

Gast

гость

Stuuv

комната

Slaapsack

спальный мешок

Telt

палатка

Touristeninformatschoon

туристическая
информация

Strand

пляж

Kreditkoort

кредитная карточка

Fröhstück

завтрак

Meddageten

обед

Avendeten

ужин

Fohrkort

билет

Fohrstohl

лифт

Breefmark

почтовая марка

Grenz

граница

Toll

таможня

Bottschop

посольство

Visum

виза

Pass

паспорт

Transport

транспорт

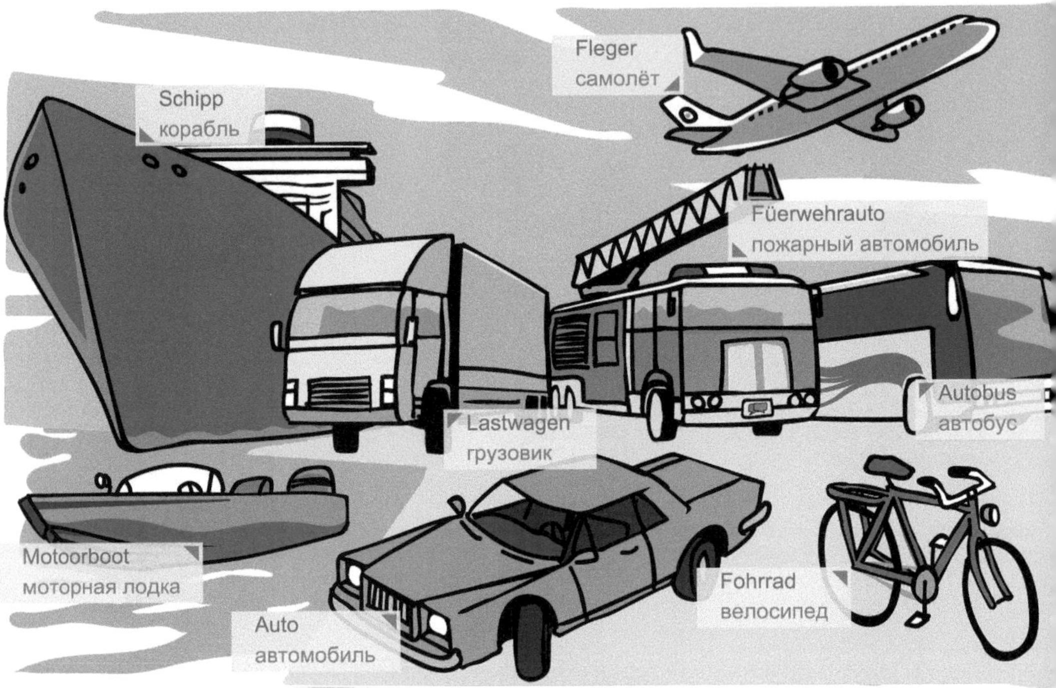
Fleger
самолёт
Schipp
корабль
Füerwehrauto
пожарный автомобиль
Autobus
автобус
Lastwagen
грузовик
Motoorboot
моторная лодка
Fohrrad
велосипед
Auto
автомобиль

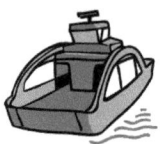

Fähr

паром

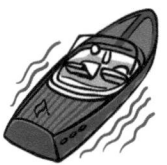

Boot

лодка

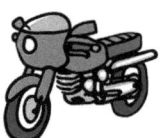

Motoorrad

мотоцикл

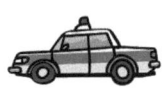

Polizeiauto

полицейский автомобиль

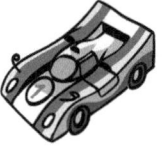

Rönnauto

гоночный автомобиль

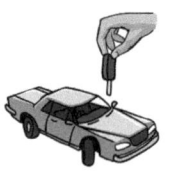

Lehnwagen

арендованный автомобиль

Carsharing

овместное пользование автомобилями

Afsleepwagen

буксировочный автомобиль

Müllauto

мусоровоз

Motoor

двигатель

Kraftstoff

топливо

Tanksteed

заправка

Verkehrsschild

дорожный знак

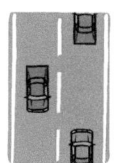

Verkehr

движение

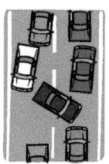

Stau

пробка

Afstellplatz

автостоянка

Bahnhoff

вокзал

Sporen

рельсы

Tog

поезд

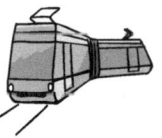

Stratenbahn

трамвай

Wagon

вагон

Dwarsmöhl

вертолёт

Flooghaven

аэропорт

Tower

вышка

Fohrgast

пассажир

Grootkist

контейнер

Karton

коробка

Koor

тележка

Korf

корзина

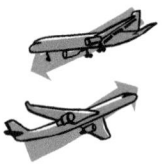

starten / lannen

взлетать / приземляться

Stadt

город

Dörp

деревня

Binnenstadt

центр города

Huus

дом

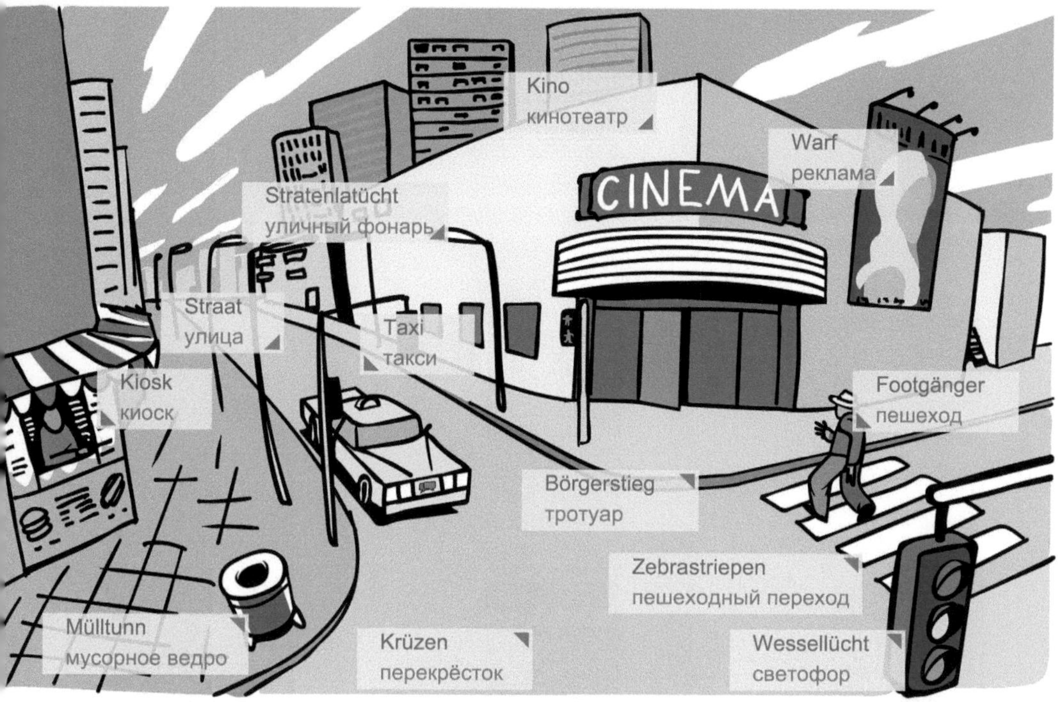

Kino
кинотеатр

Warf
реклама

Stratenlatücht
уличный фонарь

CINEMA

Straat
улица

Taxi
такси

Kiosk
киоск

Footgänger
пешеход

Börgerstieg
тротуар

Zebrastriepen
пешеходный переход

Mülltunn
мусорное ведро

Krüzen
перекрёсток

Wessellücht
светофор

Hütt

хижина

Wahnung

квартира

Bahnhoff

вокзал

Raathuus

ратуша

Museum

музей

School

школа

Universität

университет

Bank

банк

Krankenhuus

больница

Hotel

гостиница

Afteek

аптека

Büro

офис

Bookhökerie

книжный магазин

Hökerie

магазин

Blomenhökerie

цветочный магазин

Supermarkt

супермаркет

Markt

рынок

Koophuus

универмаг

Fischhökerie

торговец рыбой

Inkoopszentrum

торговый центр

Haven

порт

Parkanlaag

парк

Bank

скамейка

Brüch

мост

Trepp

лестница

Ünnergrundbahn

метро

Tunnel

тоннель

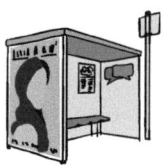

Busstoppsteed

автобусная остановка

Bar

бар

Spieslokal

ресторан

Breefkassen

почтовый ящик

Stratenschild

табличка с названием
улицы

Parkklock

паркометр

Deertenpark

зоопарк

Baadanstalt

бассейн

Moschee

мечеть

Buernhoff

ферма

Ümweltversmudden

загрязнение окружающей среды

Karkhoff

кладбище

Kark

церковь

Speelplatz

детская площадка

Tempel

храм

Landschop
ландшафт

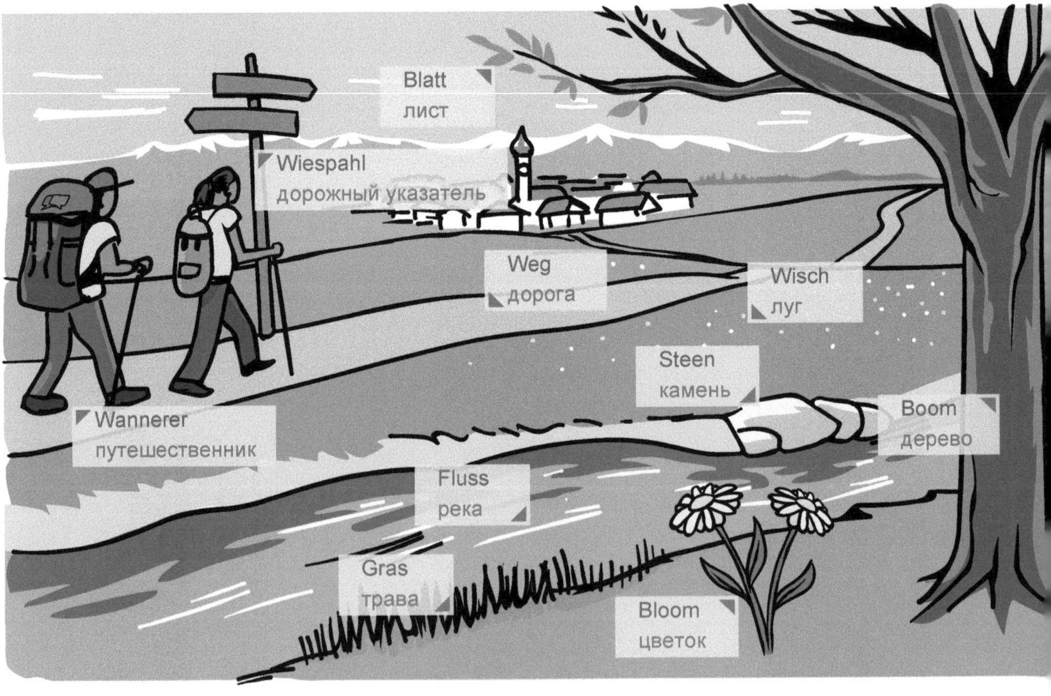

Blatt
лист

Wiespahl
дорожный указатель

Weg
дорога

Wisch
луг

Steen
камень

Boom
дерево

Wannerer
путешественник

Fluss
река

Gras
трава

Bloom
цветок

Daal

долина

Barg

гора

See

озеро

Holt

лес

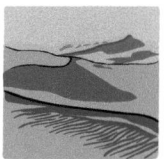

Wööst

пустыня

Füerspien Barg

вулкан

Slott

замок

Regenbagen

радуга

Poggenstohl

гриб

Palm

пальма

Steekmück

комар

Fleeg

муха

Miegeemk

муравей

Imm

пчела

Spinn

паук

Sebber

жук

Pogg

лягушка

Katteker

белка

Swienegel

еж

Haas

заяц

Uul

сова

Vagel

птица

Swaan

лебедь

Wildswien

кабан

Hirsch

олень

Elk

лось

Staudamm

плотина

Windrad

ветряной генератор

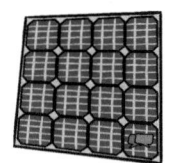

Solarmodul

солнечная батарея

Klima

климат

Spieslokal

ресторан

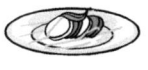

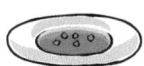

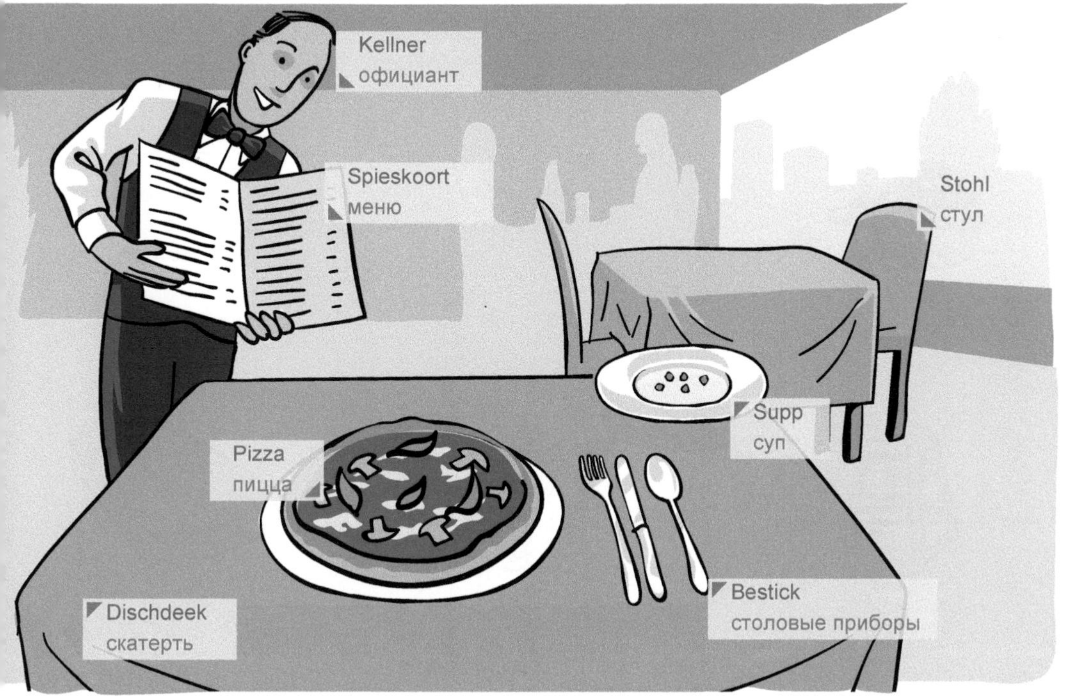
Kellner
официант
Spieskoort
меню
Stohl
стул
Supp
суп
Pizza
пицца
Bestick
столовые приборы
Dischdeek
скатерть

Vörspies

закуска

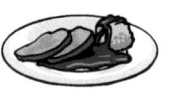

Haupteten

главное блюдо

Nadisch

десерт

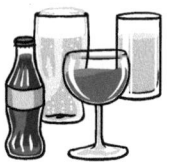

Drünk

напитки

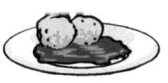

Eten

еда

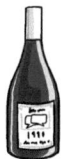

Buddel

бутылка

Fastfood

фастфуд

Strateneten

уличная еда

Teekann

чайник

Zuckerdoos

сахарница

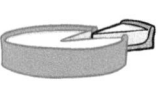

Portschoon

порция

Espressomaschien

кофеварка

Hoochstohl

детский стульчик

Reken

счет

Tablett

поднос

Mess

нож

Gavel

вилка

Lepel

ложка

Teelepel

чайная ложка

Munddook

салфетка

Glas

стакан

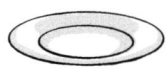

Töller

тарелка

Suppentöller

суповая тарелка

Ünnertass

блюдце

Sooß

соус

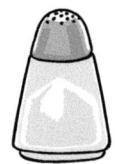

Soltstreuer

солонка

Pepermöhl

мельница для перца

Etig

уксус

Ööl

масло

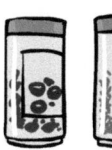

Krüder

специи

Ketchup

кетчуп

Mostrich

горчица

Mayonnaise

майонез

Supermarkt

супермаркет

Anbott
специальное предложение
FOR
Kunn
покупатель
Melkprodukten
молочные продукты
Aaft
фрукты
Inkoopswagen
тележка для покупок

BUTCHERS

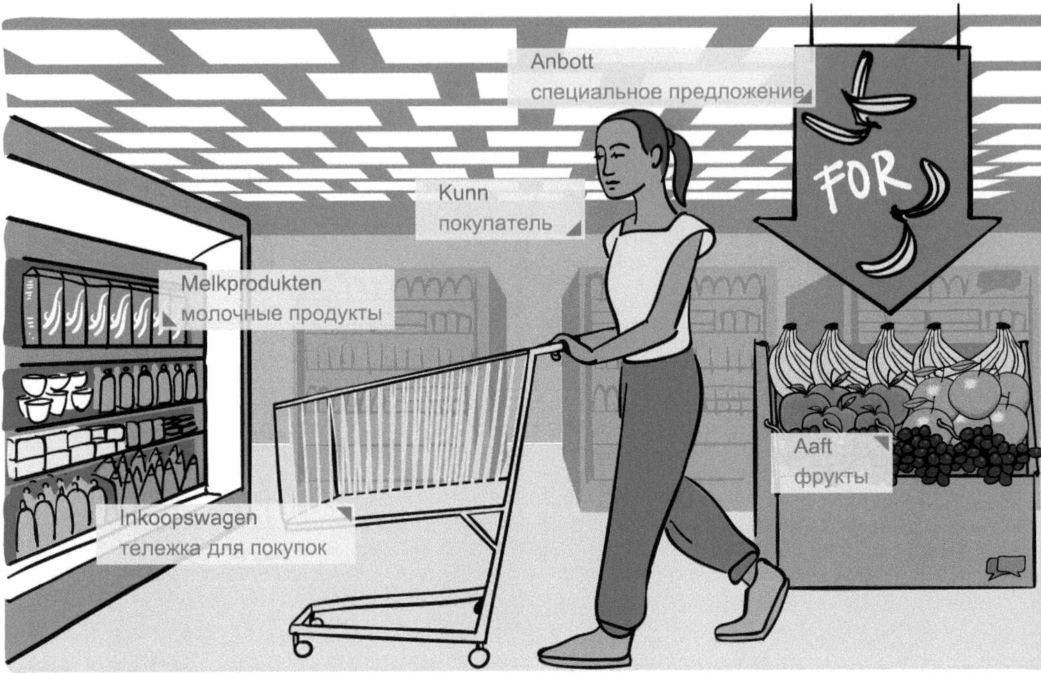

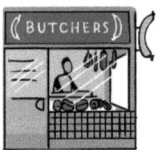

Slachterie

мясной магазин

BAKERY

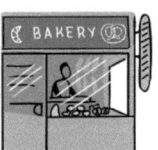

Bäckerie

пекарня

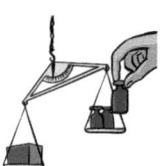

wegen

взвешивать

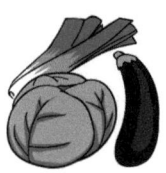

Gröönsaken

овощи

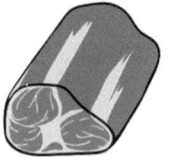

Fleesch

мясо

Deepköhlkost

быстрозамороженные продукты

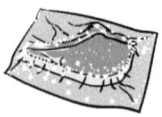

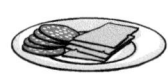

Opsnitt

нарезка

Konserven

консервы

Waschmiddel

стиральный порошок

Snoopkraam

сладости

Huushooltssaken

предмет домашнего
обихода

Reinmaaktüüch

моющее средство

Verköpersche

продавщица

Kass

касса

Kasserer

кассир

Inkoopslist

список покупок

Opsparrtieden

время работы

Breeftasch

бумажник

Kreditkoort

кредитная карточка

Tasch

сумка

Plastiktüüt

полиэтиленовый пакет

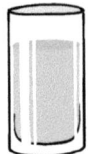

Water

вода

Saft

сок

Melk

молоко

Cola

кока-кола

Wien

вино

Beer

пиво

Spriet

алкоголь

Kakao

какао

Tee

чай

Koffie

кофе

Espresso

эспрессо

Cappucino

капучино

Banaan

банан

Appel

яблоко

Appelsien

апельсин

Meloon

арбуз

Zitroon

лимон

Wöttel

морковь

Knuuvlook

чеснок

Bambus

бамбук

Zibbel

лук

Poggenstohl

гриб

Nööt

орехи

Nudeln

лапша

Spaghetti

спагетти

Ries

рис

Salat

салат

Pommes frites

картофель фри

Braadkantüffeln

жареный картофель

Pizza

пицца

Hamborger

гамбургер

Sandwich

сэндвич

Snitzel

шницель

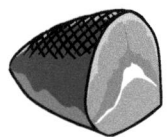

Schinken

ветчина

Salami

салями

Wust

колбаса

Hohn

курица

Braden

жаркое

Fisch

рыба

Haverflocken

овсяные хлопья

Müsli

мюсли

Cornflakes

кукурузные хлопья

Mehl

мука

Croissant

круассан

Rundstück

булочка

Broot

хлеб

Toast

тост

Keksen

печенье

Botter

масло

Quark

творог

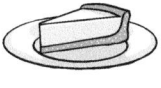

Koken

пирог

Ei

яйцо

Spegelei

яичница

Kees

сыр

Ies

мороженое

Zucker

сахар

Honnig

мёд

Marmelaad

мармелад

Nougat-Creme

крем с нугой

Curry

карри

Buernhoff

ферма

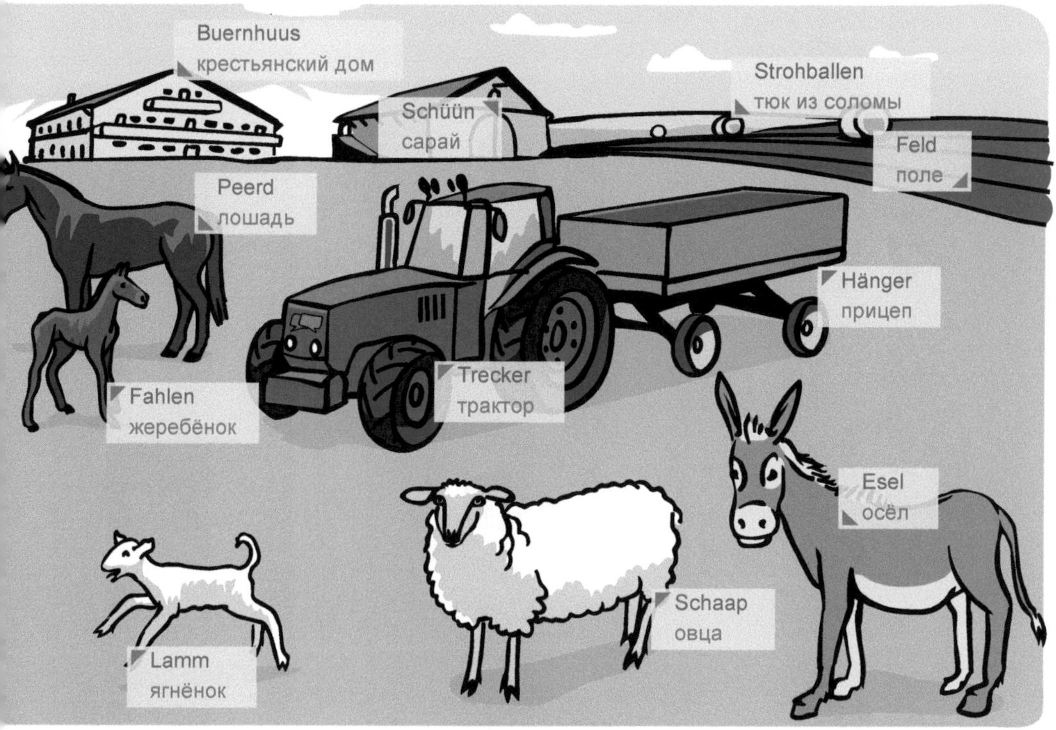

Buernhuus
крестьянский дом
Schüün
сарай
Strohballen
тюк из соломы
Feld
поле
Peerd
лошадь
Hänger
прицеп
Trecker
трактор
Fahlen
жеребёнок
Esel
осёл
Schaap
овца
Lamm
ягнёнок

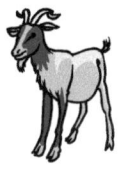

Zeeg

коза

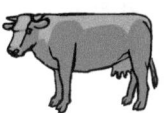

Koh

корова

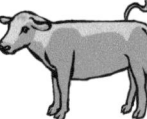

Kalf

телёнок

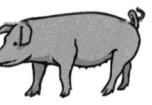

Swien

свинья

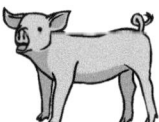

Farken

поросёнок

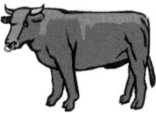

Bull

бык

Goos

гусь

Aant

утка

Küken

цыплёнок

Hohn

курица

Hahn

петух

Rott

крыса

Katt

кошка

Muus

мышь

Oss

вол

Hund

собака

Hunnenhütt

конура

Goornslauch

садовый шланг

Geetkann

лейка

Lee

коса

Ploog

плуг

Sich

серп

Hack

мотыга

Mestfork

навозные вилы

Ext

топор

Schuufkoor

тачка

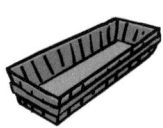

Trog

корыто

Melkkann

бидон для молока

Sack

мешок

Tuun

забор

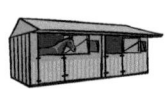

Stall

хлев

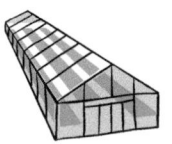

Drievhuus

теплица

Bodden

почва

Saat

посев

Dünger

удобрение

Meihdöscher

комбайн

Buernhoff - ферма

oornen

собирать урожай

Oorn

урожай

Yamswöttel

ямс

Weten

пшеница

Soja

соя

Kantüffel

картофель

Törksche Weten

кукуруза

Rapp

рапс

Aaftboom

фруктовое дерево

Troopsch Kantüffel

маниок

Koorn

злаки

Huus

дом

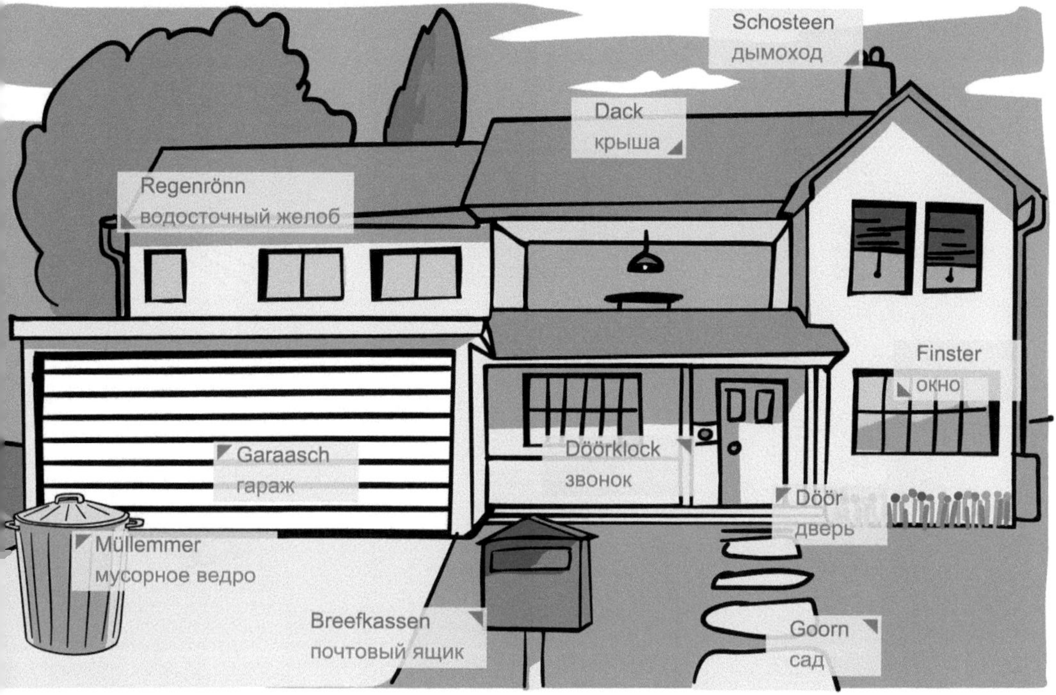
Schosteen
дымоход
Dack
крыша
Regenrönn
водосточный желоб
Finster
окно
Garaasch
гараж
Döörklock
звонок
Döör
дверь
Müllemmer
мусорное ведро
Breefkassen
почтовый ящик
Goorn
сад

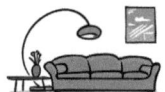

Wahnstuuv

гостиная

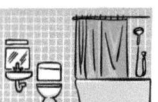

Baadstuuv

ванная комната

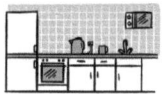

Köök

кухня

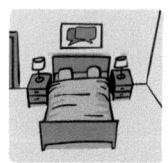

Slaapstuuv

спальня

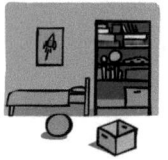

Kinnerstuuv

детская комната

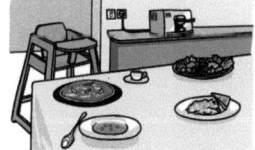

Eetstuuv

столовая

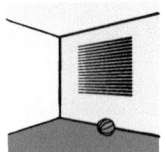

Footbodden

пол

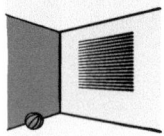

Wand

стена

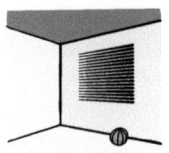

Deek

потолок

Keller

подвал

Hittluftbad

сауна

Balkon

балкон

Terrass

терраса

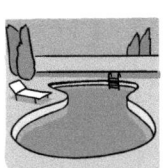

Swümmbad

бассейн

Rasenmeiher

газонокосилка

Bettbetog

пододеяльник

Bettdeek

покрывало

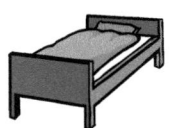

Puuch

кровать

Bessen

метла

Emmer

ведро

Schalter

выключатель

Wahnstuuv

гостиная

Tapeet
обои
Bild
рисунок
Lamp
лампа
Regal
полка
Schapp
шкаф
Kiekkassen
телевизор
Kamin
камин
Bloom
цветок
Küssen
подушка
Sofa
диван
Vaas
ваза
Feernbedenen
пульт дистанционного управления

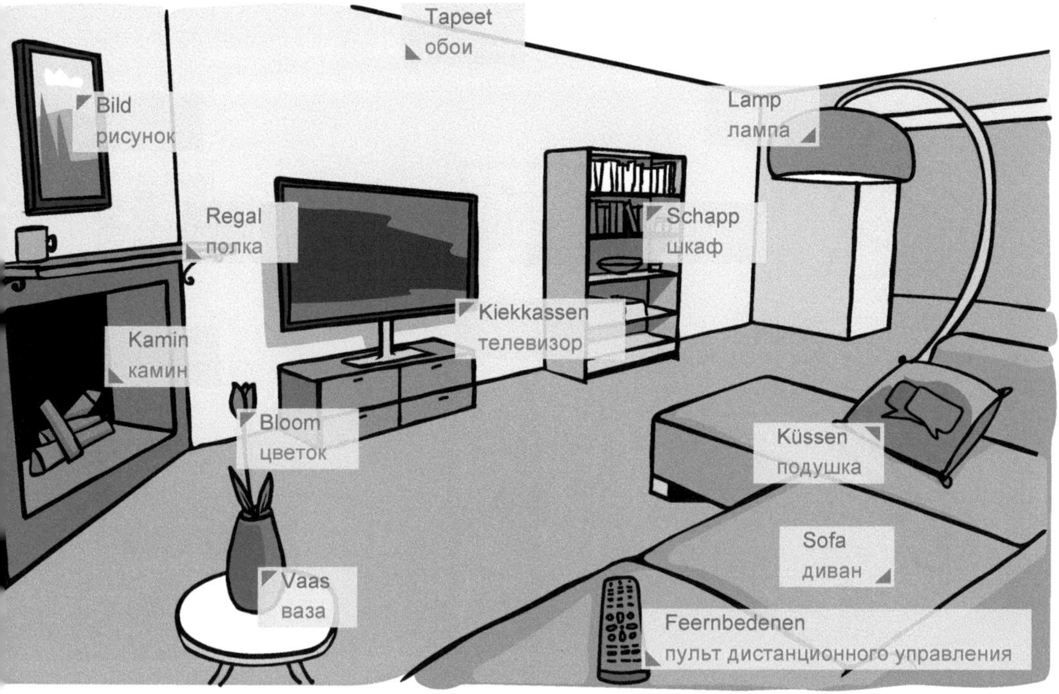

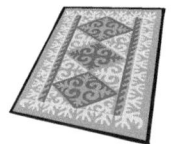

Teppich

ковёр

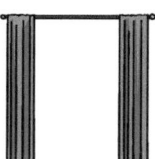

Vörhang

штора

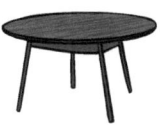

Disch

стол

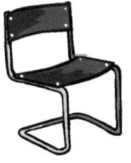

Stohl

стул

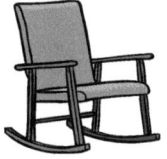

Schuckelstohl

кресло-качалка

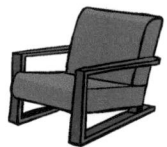

Sessel

кресло

Book

книга

Deek

покрывало

Dekoratschoon

украшение

Füerholt

дрова

Film

фильм

Stereoanlaag

стереосистема

Slötel

ключ

Narichtenblatt

газета

Gemälde

картина

Poster

плакат

Radio

радио

Opschrievblock

блокнот

Huulbessen

пылесос

Kaktus

кактус

Kars

свеча

Köök

кухня

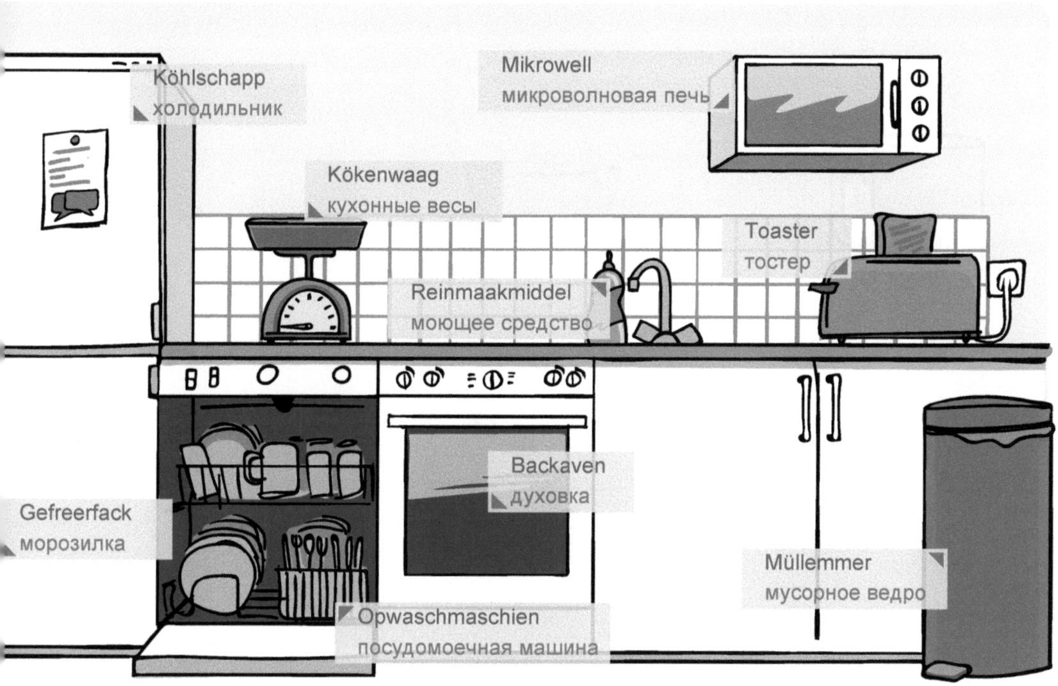

Köhlschapp
холодильник
Mikrowell
микроволновая печь
Kökenwaag
кухонные весы
Toaster
тостер
Reinmaakmiddel
моющее средство
Backaven
духовка
Gefreerfack
морозилка
Müllemmer
мусорное ведро
Opwaschmaschien
посудомоечная машина

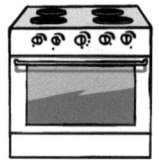

Heerd

плита

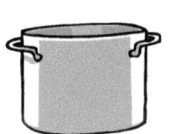

Pott

кастрюля

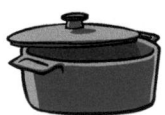

Gussiesern Putt

чугунный котелок

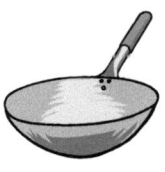

Wok / Kadai

вок / кадай

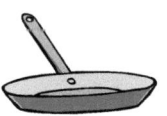

Pann

сковорода

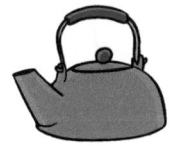

Waterkaker

чайник

Dampkaakputt

пароварка

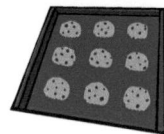

Backblick

противень

Geschirr

посуда

Beker

кружка

Schaal

миска

Eetsticken

палочки для еды

Suppenkell

половник

Pannenwenner

лопатка

Sneebessen

сбивалка

Kaakseef

сито

Seef

сито

Riev

тёрка

Mörser

ступка

Grill

гриль

Füerstell

костёр

Sniedbrett

доска

Nudelholt

скалка

Proppentrecker

штопор

Doos

жестяная банка

Dosenaapner

консервный нож

Pottlappen

прихватка

Waschbecken

раковина

Böst

щетка

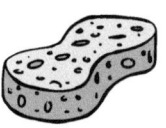

Swamm

губка

Mixer

миксер

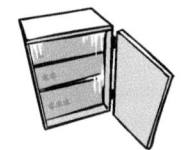

Iesschapp

морозильная камера

Nuckelbuddel

бутылочка для кормления

Waterhahn

кран

Baadstuuv

ванная комната

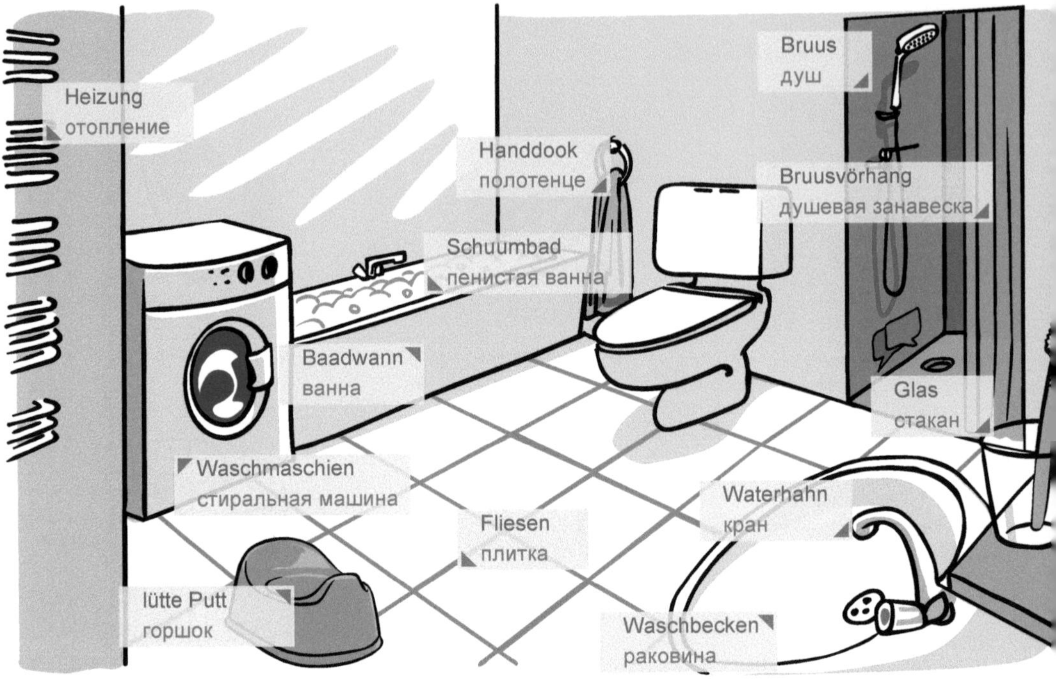

Heizung
отопление
Handdook
полотенце
Schuumbad
пенистая ванна
Bruus
душ
Bruusvörhang
душевая занавеска
Baadwann
ванна
Glas
стакан
Waschmaschien
стиральная машина
Waterhahn
кран
Fliesen
плитка
lütte Putt
горшок
Waschbecken
раковина

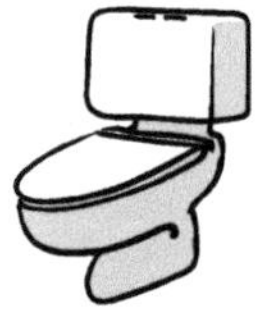

Tante Meier

туалет

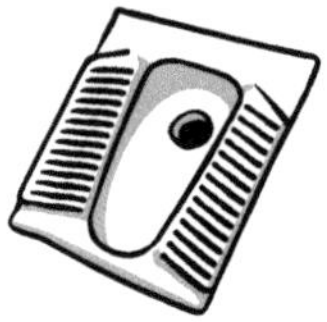

Hockklo

напольный унитаз

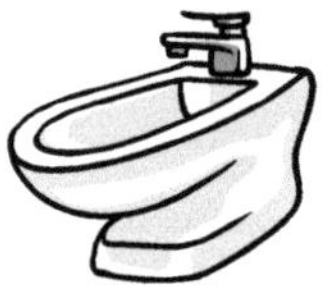

Bidet

биде

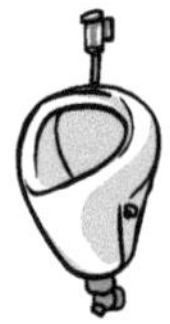

Miegbecken

писсуар

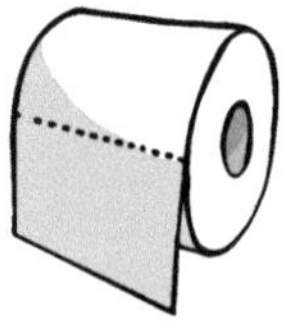

Klopapeer

туалетная бумага

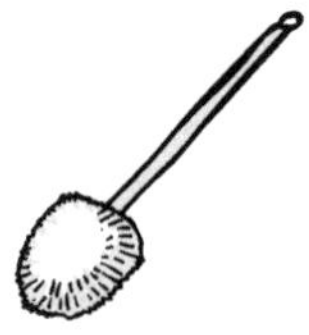

Kloböst

ершик

Tähnböst

зубная щетка

Tähnpast

зубная паста

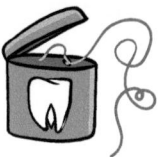

Tähnsied

зубная нить

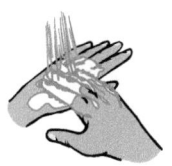

waschen

мыть

Handbruus

ручной душ

Intimbruus

интимный душ

Waschschöttel

таз

Rüchböst

щетка для спины

Seep

мыло

Bruusgeel

гель для душа

Hoorwaschmiddel

шампунь

Waschlappen

мочалка

Afloop

сток

Creme

крем

Deodorant

дезодорант

Spegel

зеркало

Kosmetikspegel

ручное зеркало

Raserer

бритва

Raseerschuum

пена для бритья

Raseerwater

лосьон после бритья

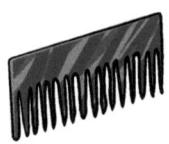

Kamm

расческа

Böst

щетка

Hoordröger

фен

Hoorspray

лак для волос

Smink

косметика

Lippensticken

губная помада

Nagellack

лак для ногтей

Watt

вата

Nagelscheer

маникюрные ножницы

Rüükwater

духи

Kulturbüdel

косметичка

Schemel

табуретка

Waag

весы

Baadmantel

халат

Gummihanschen

резиновые перчатки

Tampon

тампон

Damenbinn

гиеническая прокладка

Chemieklo

биотуалет

Kinnerstuuv

детская комната

Wecker
будильник
Knudeldeert
мягкая игрушка
Speeltüüchauto
игрушечный автомобиль
Klöter
погремушка
Poppenhuus
кукольный домик
Geschenk
подарок

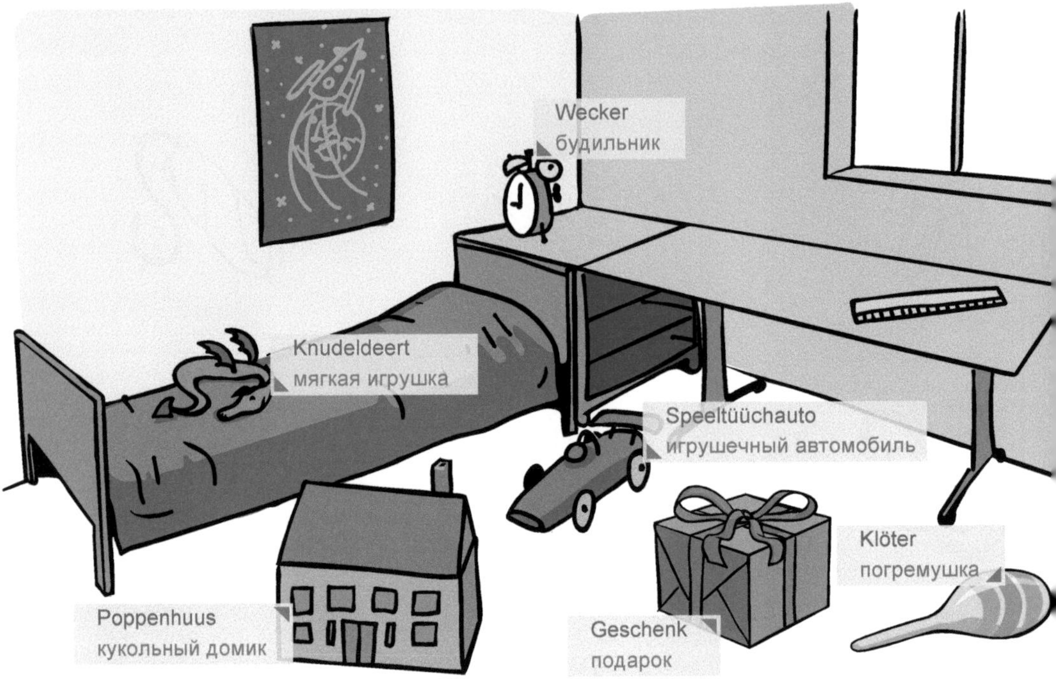

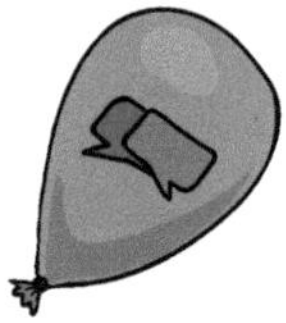

Luftballon

воздушный шар

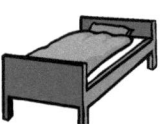

Puuch

кровать

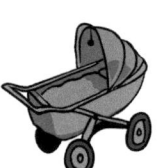

Kinnerwagen

детская коляска

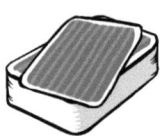

Koortenspeel

карточная игра

Puzzle

пазл

SUPER MEGA

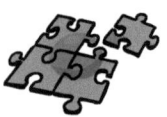

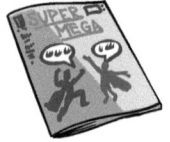

Billergeschicht

комикс

Legostenen

кирпичики Лего

Bustenen

кубики

Action-Figur

игрушечная фигурка

Strampelantog

ползунки

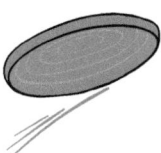

Frisbeeschiev

фрисби

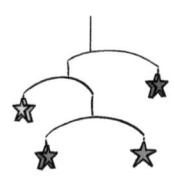

Mobile

мобиле

Brettspeel

настольная игра

Wörpel

кубик

Modelliesenbahn

модель железной дороги

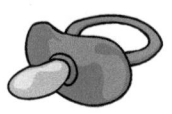

Snuller

соска

Party

вечеринка

Billerbook

книга с картинками

Ball

мяч

Popp

кукла

spelen

играть

Sandkassen

песочница

Schuckel

качели

Speeltüüch

игрушка

Speelkonsool

игровая приставка

Dreerad

трёхколесный велосипед

Teddyboor

плюшевый медвежонок

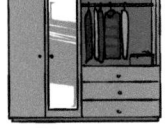

Klederschapp

шкаф для одежды

Tüüch

одежда

Socken

носки

Strümp

чулки

Strumpbüx

колготки

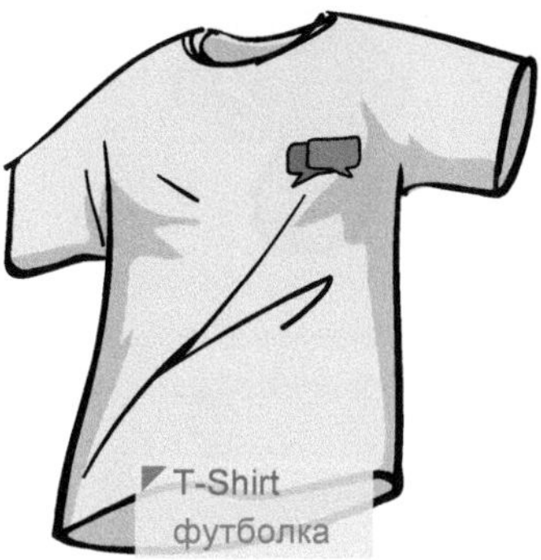

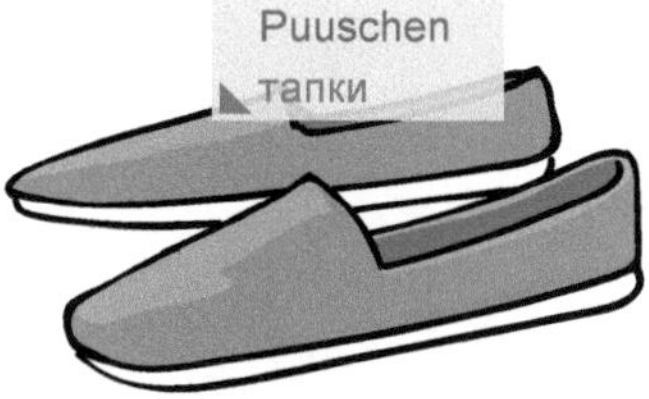

Halsdook
шарф

Liefreem
ремень

Paraplü
зонтик

T-Shirt
футболка

Stevel
сапоги

Puuschen
тапки

Turnschoh
кроссовки

Sandalen

сандалии

Schoh

ботинки

Gummistevel

резиновые сапоги

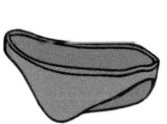

Ünnerbüx

трусы

Bostholler

бюстгальтер

Ünnerhemd

майка

Lief

боди

Büx

брюки

Jeansnüx

джинсы

Rock

юбка

Bluus

блузка

Hemd

рубашка

Pullover

свитер

Kapuzenpullover

свитер

Blazer

спортивная куртка

Jack

жакет

Mantel

пальто

Övertrecker

плащ

Kostüm

костюм

Kleed

платье

Hochtietskleed

свадебное платье

Antog

мужской костюм

Nachtkleed

ночная сорочка

Slaapantog

пижама

Sari

сари

Koppdook

платок

Turban

тюрбан

Burka

паранджа

Kaftan

кафтан

Abaya

абайя

Baadantog

купальник

Baadbüx

плавки

Korte Büx

шорты

Antog to'n Öven

спортивный костюм

Schört

фартук

Handschoh

перчатки

Knopp

пуговица

Brill

очки

Armband

браслет

Halskeed

цепочка

Ring

кольцо

Ohrbummel

серьга

Mütz

шапка

Klederbögel

вешалка

Hoot

шляпа

Binner

галстук

Rietslüter

застежка молния

Helm

шлем

Drachtband

подтяжки

Schooluniform

школьная форма

Uniform

форма

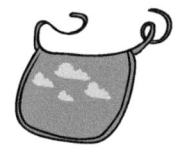

Severböten

детский нагрудник

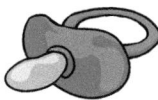

Snuller

соска

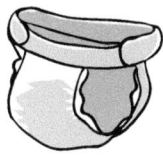

Winnel

подгузник

Büro

офис

Server
сервер
Aktenschapp
канцелярский шкаф
Drucker
принтер
Papeer
бумага
Bildschirm
монитор
Muus
мышь
Schrievdisch
письменный стол
Orner
папка
Knoopboord
клавиатура
Papeerkorf
корзина для бумаг
Computer
компьютер
Stohl
стул

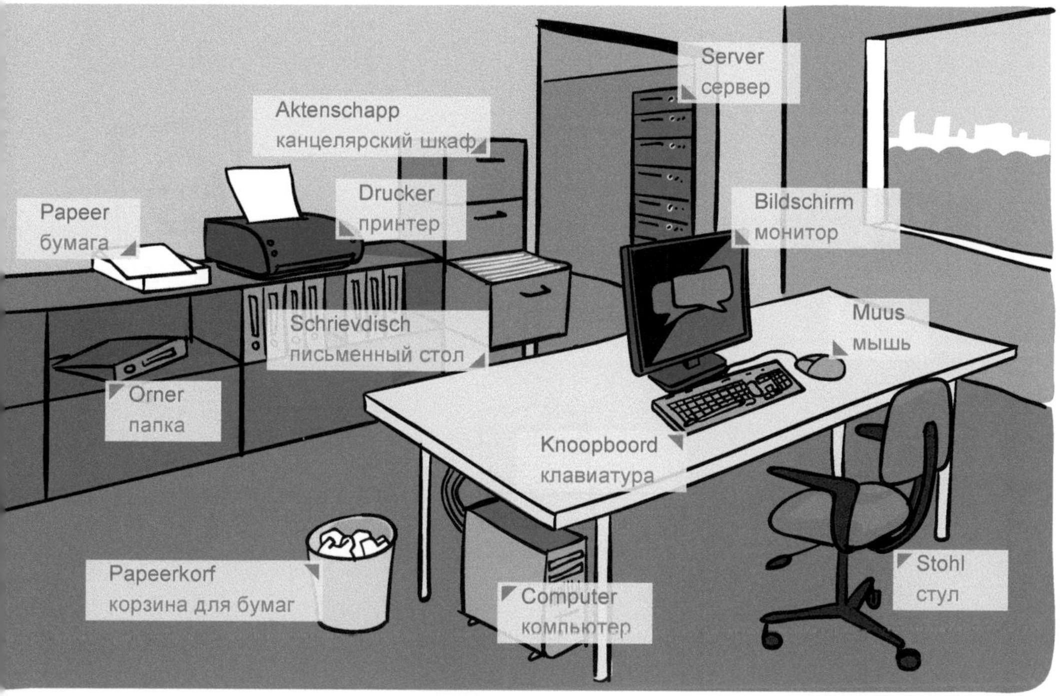

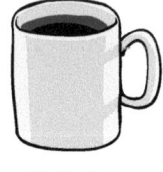

Koffiebeker

кофейная кружка

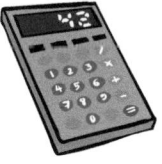

Taschenreekner

калькулятор

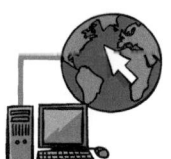

Internet

интернет

Klappreekner

ноутбук

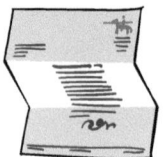

Breef

письмо

Naricht

сообщение

Ackersnacker

мобильный телефон

Nettwark

сеть

Kopeerapparat

ксерокс

Software

программа

Klöönkassen

телефон

Steekdoos

розетка

Faxapparat

факс

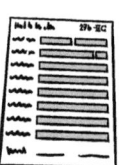

Formulor

формуляр

Dokument

документ

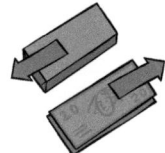

köpen

покупать

betahlen

платить

hanneln

торговать

Geld

деньги

Dollar

доллар

Euro

евро

Yen

иена

Ruvel

рубль

Swiezer Franken

франк

RenmInbl Yuan

жэньминьби юань

Rupie

рупил

Geldautomat

банкомат

Wesselstuuv

пункт обмена валюты

Gold

золото

Sülver

серебро

Ööl

нефть

Energie

энергия

Pries

цена

Verdrag

договор

Stüer

налог

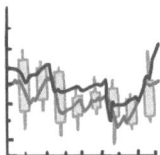

Andeelschien

акция

arbeiden

работать

Anstellte

служащий

Arbeitgever

работодатель

Fabrik

фабрика

Hökerie

магазин

Profeschonen

профессии

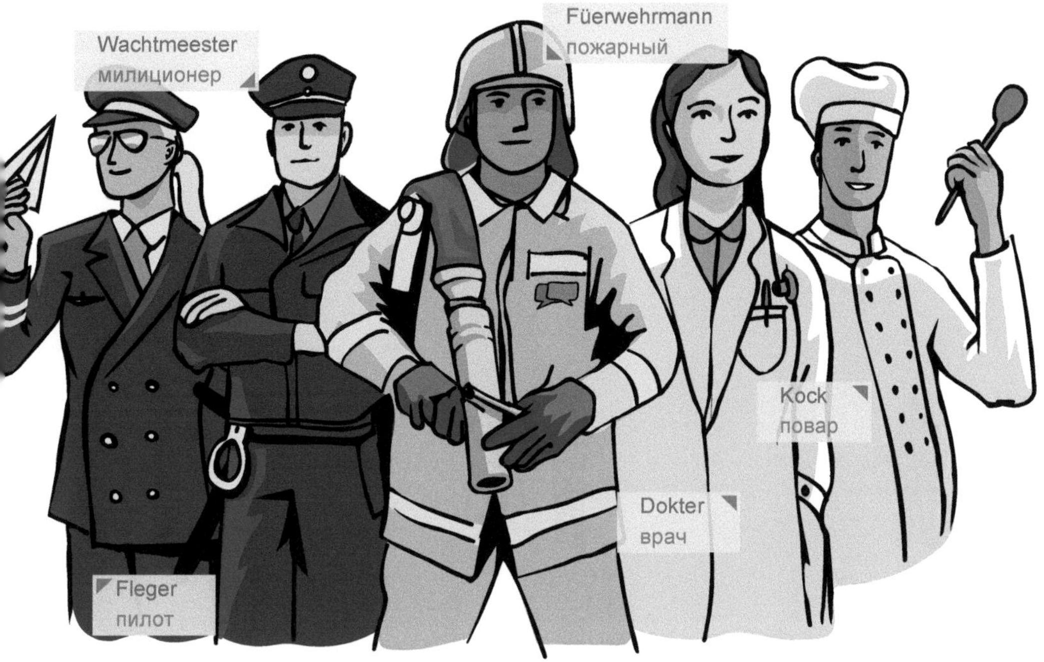
Wachtmeester
милиционер
Füerwehrmann
пожарный
Kock
повар
Dokter
врач
Fleger
пилот

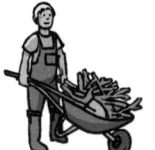

Coorner

садовник

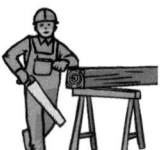

Discher

столяр

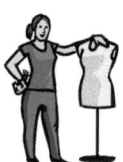

Neihersche

швея

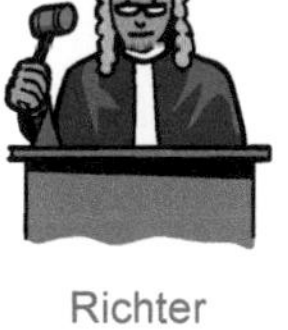

Richter

судья

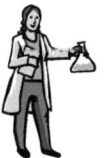

Chemiker

химик

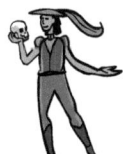

Schauspeler

актёр

Busfohrer

водитель автобуса

Taxifohrer

таксист

Fischer

рыбак

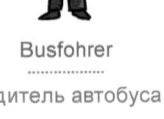

Reinmaakfru

уборщица

Dackdecker

кровельщик

Kellner

официант

Jäger

охотник

Maler

художник

Bäcker

пекарь

Elektriker

электрик

Buarbeider

строитель

Ingenieur

инженер

Slachter

мясник

Klempner

сантехник

Postbüdel

почтальон

Suldat

солдат

Architekt

архитектор

Kasserer

кассир

Florist

флорист

Putzbüdel

парикмахер

Schaffner

кондуктор

Mechaniker

механик

Kaptein

капитан

Tähndokter

зубной врач

Wetenschopler

ученый

Rabbi

раввин

Imam

имам

Mönk

монах

Paap

священник

Profeschonen - профессии

Warktüüch
инструменты

Hamer
молоток
Tang
плоскогубцы
Schruvendreiher
отвёртка
Schruvenslötel
гаечный ключ
Taschenlamp
карманный ф

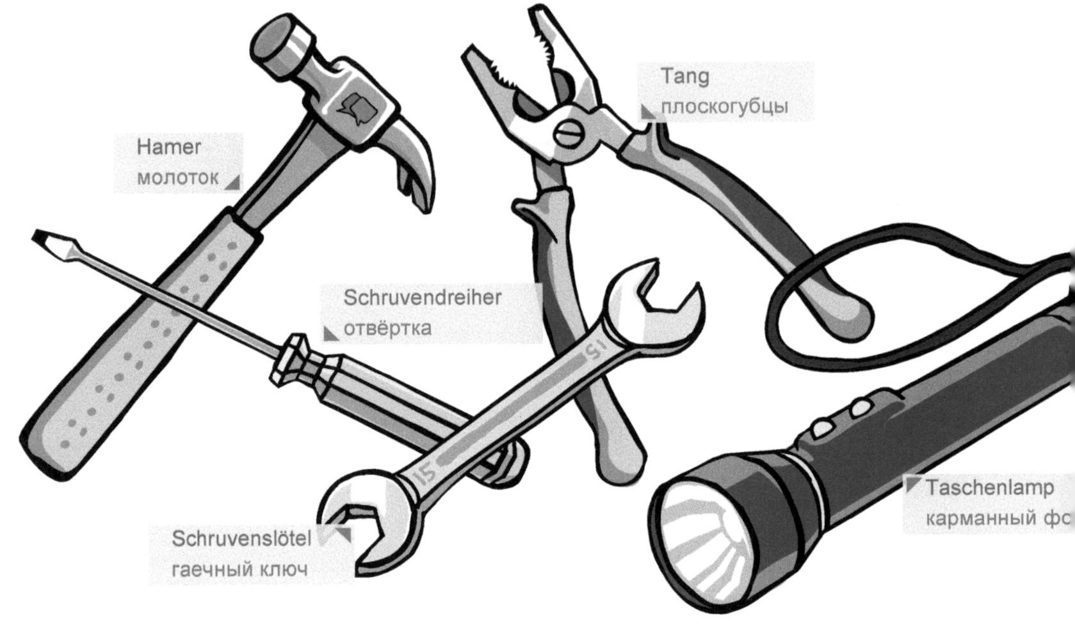

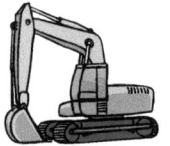

Grieper

экскаватор

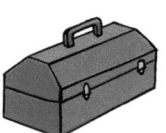

Warktüüchkassen

ящик для инструментов

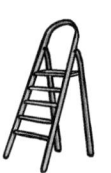

Ledder

стремянка

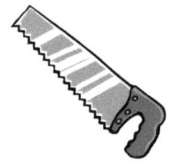

Saag

пила

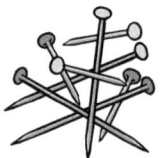

Nagels

гвозди

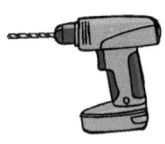

Bohrer

дрель

heelmaken

ремонтировать

Schüffel

лопата

Schiet!

Блин!

Kehrblick

совок

Farvpott

ведро с краской

Schruven

винты

Musikinstrumenten
музыкальные инструменты

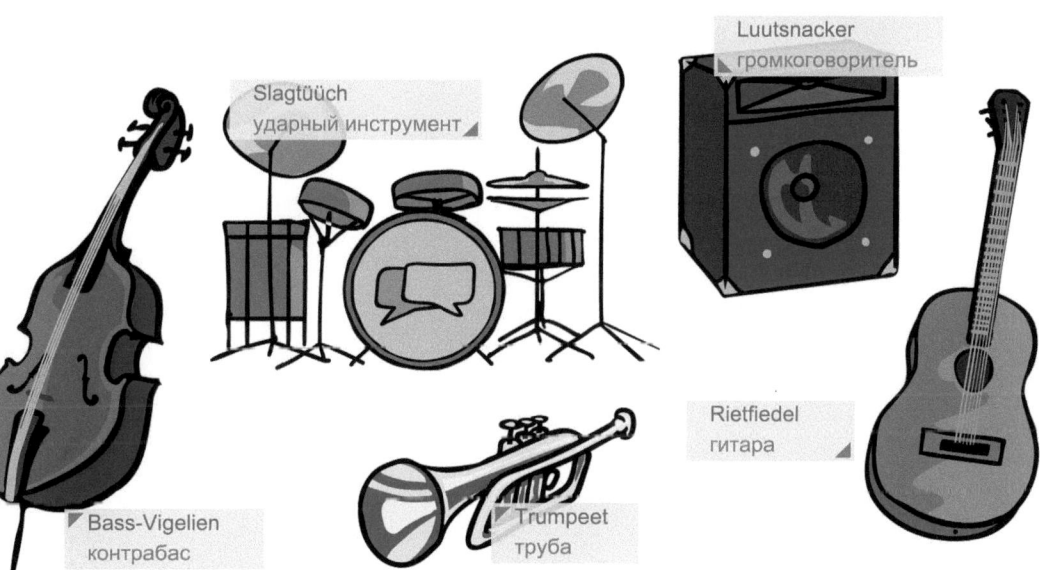

Slagtüüch
ударный инструмент

Luutsnacker
громкоговоритель

Rietfiedel
гитара

Bass-Vigelien
контрабас

Trumpeet
труба

Klaveer

пианино

Vigelien

скрипка

Bass

бас-гитара

Pauk

литавры

Trummeln

барабан

Keyboard

синтезатор

Saxophon

саксофон

Fleut

флейта

Mikrofoon

микрофон

Tiger
тигр

Ingang
вход

Käfig
клетка

Zebra
зебра

Deertenfoder
корм

Panda-Boor
панда

Deerten

животные

Elefant

слон

Känguru

кенгуру

Neeshoorn

носорог

Gorilla

горилла

Boor

медведь

Kameel

верблюд

Struuß

страус

Lööv

лев

Aap

обезьяна

Flamingo

фламинго

Papagoi

попугай

Iesboor

белый медведь

Pinguin

пингвин

Haifisch

акула

Pageluun

павлин

Slang

змея

Krokodil

крокодил

Oppasser in'n Deertenpark

служитель зоопарка

Saalhund

тюлень

Jaguor

ягуар

Pony

пони

Leopard

леопард

Nilpeerd

бегемот

Giraff

жираф

Aadler

орёл

Wildswien

кабан

Fisch

рыба

Schildkrööt

черепаха

Walross

морж

Voss

лиса

Gazell

газель

Sport

спорт

Amerikaansch Football
американский футбол

Radfohren
езда на велосипеде

Tennis
теннис

Korfball
баскетбол

Swümmen
плавание

Boxen
бокс

Ieshockey
хоккей

Football
футбол

Fedderball
бадминтон

Leichtathletik
лёгкая атлетика

Handball
гандбол

Skilopen
лыжный спорт

Polo
поло

Aktivitäten

действия

springen
прыгать
ümarmen
обнимать
lachen
смеяться
gahn
идти
singen
петь
drömen
мечтать
beden
молиться
snuteln
целовать

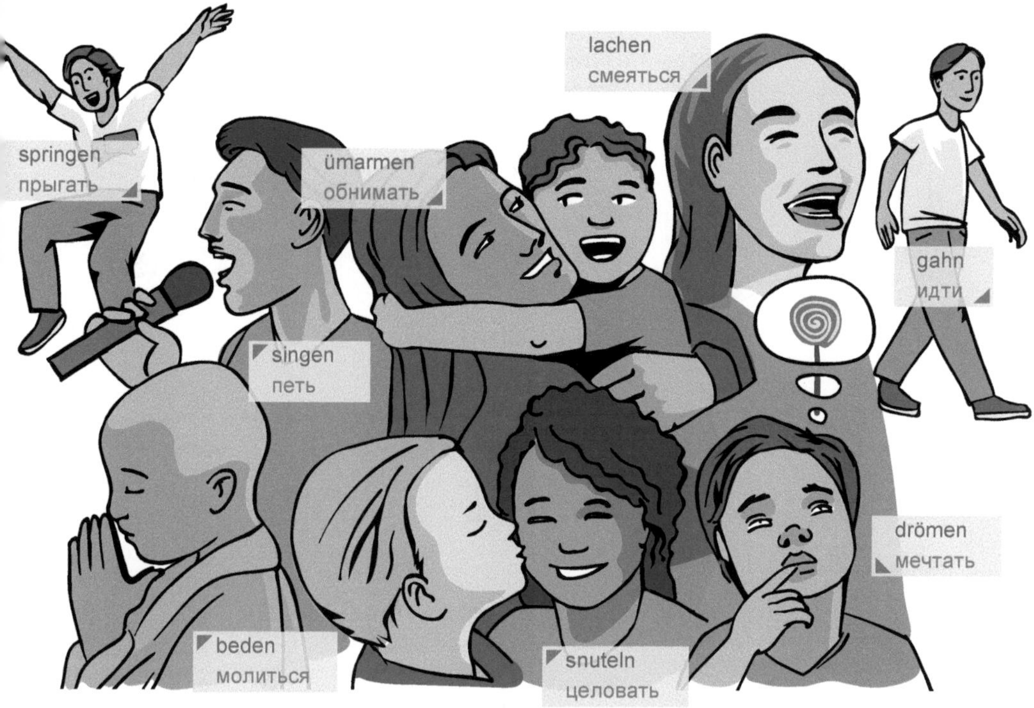

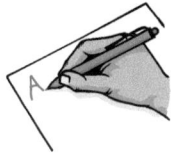

schrieven
писать

teken
рисовать

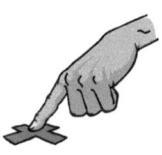

wiesen
показывать

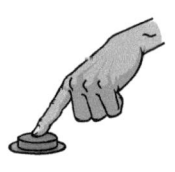

drücken
нажимать

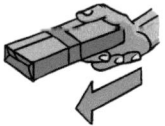

geven
давать

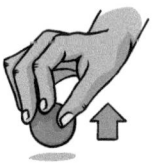

nehmen
брать

hebben

иметь

doon

делать

sien

быть

stahn

стоять

lopen

бежать

trecken

тянуть

smieten

бросать

fallen

падать

liggen

лежать

töven

ждать

dregen

носить

sitten

сидеть

antrecken

надевать

slapen

спать

opwaken

просыпаться

ankieken

рассматривать

wenen

плакать

eien

гладить

kämmen

причесывать

snacken

говорить

verstahn

понимать

fragen

спрашивать

hören

слушать

drinken

пить

eten

кушать

oprümen

наводить порядок

leefhebben

любить

kaken

готовить

fohren

ехать

flegen

летать

Aktivitäten - действия

segeln

ходить под парусом

reken

считать

lesen

читать

lehren

учиться

arbeiden

работать

de Plünnen tohoopsmieten

вступать в брак

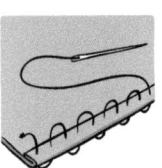

neihen

шить

Tähnen putzen

чистить зубы

dootmaken

убивать

smöken

курить

schicken

отправлять

Grootmoder
бабушка

Grootvadder
дедушка

Vadder
папа

Moder
мама

Winnelkind
младенец

Dochter
дочь

Söhn
сын

Gast

гость

Tant

тетя

Unkel

дядя

Broder

брат

Süster

сестра

Lief

тело

Vörkopp
лоб
Oog
глаз
Schuller
плечо
Finger
палец
Gesicht
лицо
Kinn
подбородок
Hand
кисть
Been
нога
Bost
грудь
Arm
рука

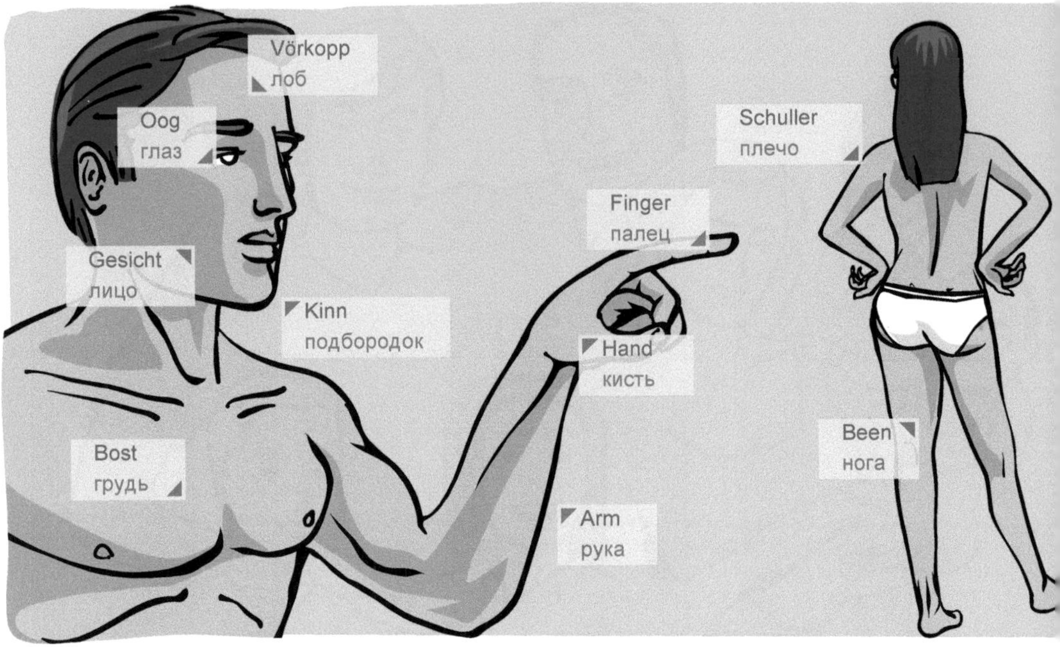

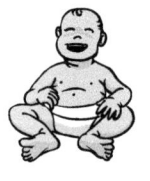

Winnelkind

младенец

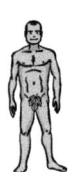

Mann

мужчина

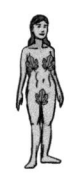

Fro

женщина

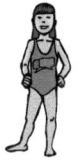

Deern

девочка

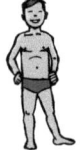

Jung

мальчик

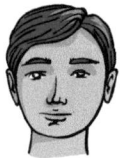

Arm

голова

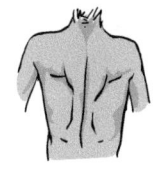

Rüch

спина

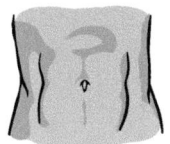

Buuk

живот

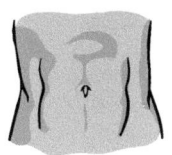

Navel

пупок

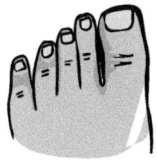

Teh

палец ноги

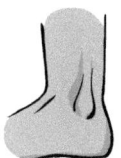

Hack

пятка

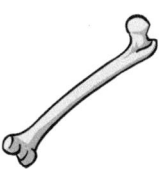

Knaken

кость

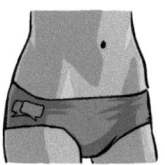

Hüft

бедро

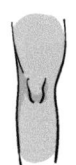

Knee

колено

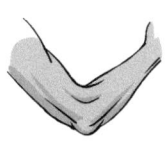

Ellbagen

локоть

Nees

нос

Achtersen

ягодицы

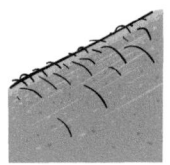

Huut

кожа

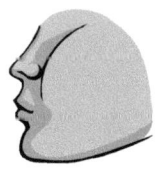

Back

щека

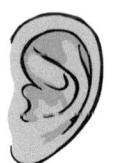

Ohr

ухо

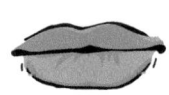

Lipp

губа

Mund

рот

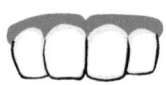

Tähn

зуб

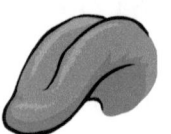

Tung

язык

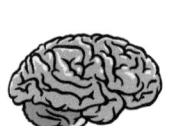

Bregen

мозг

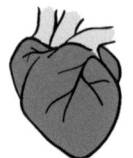

Hart

сердце

Muskel

мышца

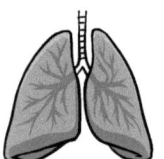

Lung

лёгкое

Lever

печень

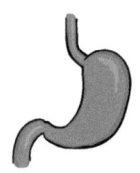

Maag

желудок

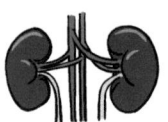

Neren

почки

Bislaap

половой акт

Kondoom

презерватив

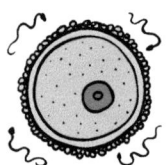

Eizell

яйцеклетка

Sperma

сперма

Anner Ümstänn

беременность

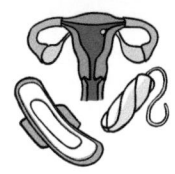

Menstruatschoon

менструация

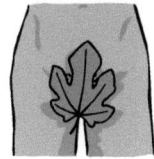

Scheed

вагина

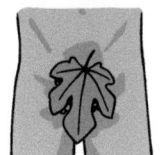

Pint

пенис

Ogenbroe

бровь

Hoor

волосы

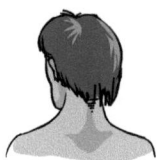

Hals

шея

Krankenhuus
больница

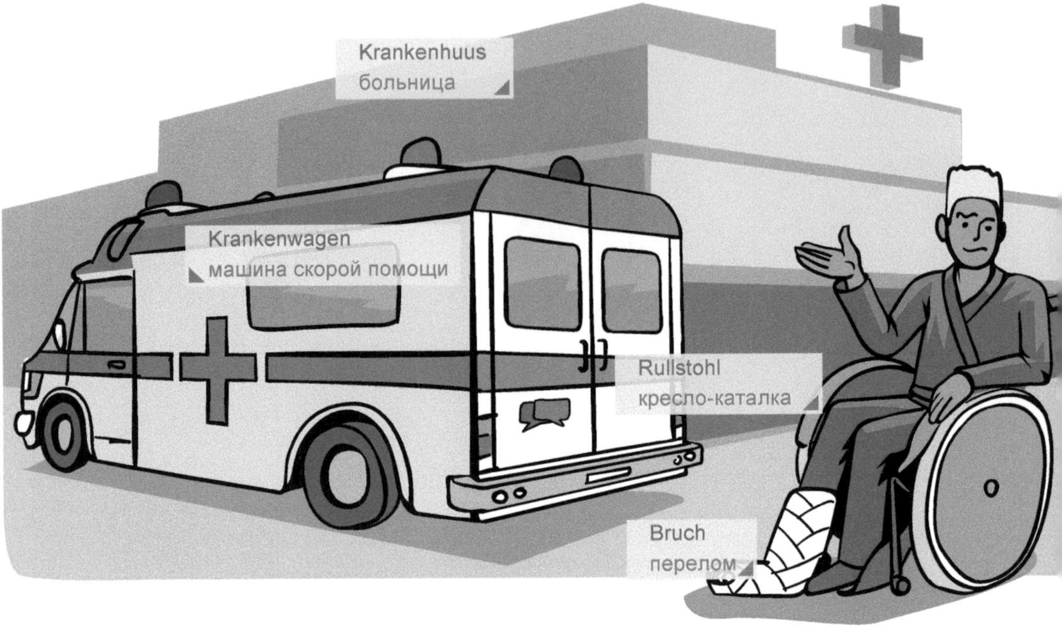

Krankenhuus
больница
Krankenwagen
машина скорой помощи
Rullstohl
кресло-каталка
Bruch
перелом

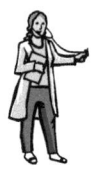

Dokter

врач

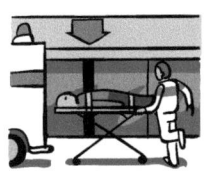

Nootopnahm

пункт первой помощи

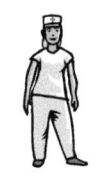

Krankensüster

медсестра

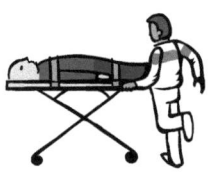

Nootfall

неотложный случай

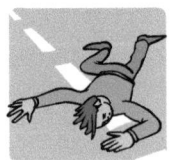

ahnmächtig

без сознания

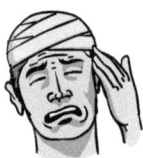

Wehdaag

боль

Verwunnen

повреждение

Blöden

кровотечение

Hartinfarkt

инфаркт

Slaganfall

инсульт

Allergie

аллергия

Hoosten

кашель

Fever

вышенная температура

Gripp

грипп

Dörchfall

понос

Koppwehdaag

головная боль

Kreeft

рак

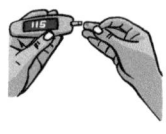

Zuckersüük

диабет

Chirurg

хирург

Chirurgsch Mess

скальпель

Operatschoon

операция

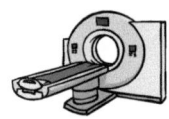

CT
КТ

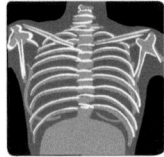

Dörchlüchten
рентген

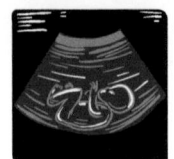

Ultraschall
ультразвук

Mask
маска

Krankheit
болезнь

Töövruum
приёмная

Krück
костыль

Plaaster
пластырь

Verband
бинт

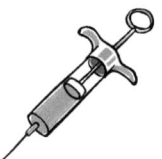

Insprütten
укол

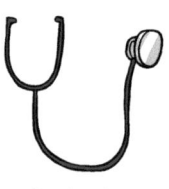

Stethoskop
стетоскоп

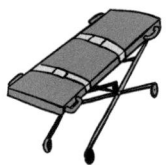

Draag
носилки

Feverthermometer
термометр

Geboort
рождение

Övergewicht
избыточный вес

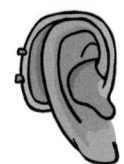

Höörapparat

слуховой аппарат

Kiemfriemiddel

дезинфекционное
средство

Ansteken

инфекция

Virus

вирус

HIV / AIDS

ВИЧ / СПИД

Heelmiddel

лекарство

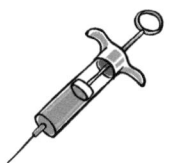

Impen

прививка

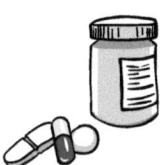

Tabletten

таблетки

Pill

противозачаточная
таблетка

Nootroop

экстренный вызов

Blootdruck-Meter

прибор для измерения
кровяного давления

krank / gesund

больной / здоровый

Hölp!

Помогите!

Alarm

сигнал тревоги

Överfall

нападение

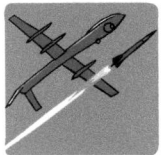

Angreep

атака

Gefohr

опасность

Nootutgang

запасной выход

Füer!

Пожар!

Füerlöscher

огнетушитель

Unfall

несчастный случай

Noothölpkoffer

аптечка

SOS

SOS

Polizei

милиция

Europa

Европа

Noordamerika

Северная Америка

Süüdamerika

Южная Америка

Afrika

Африка

Asien

Азия

Australien

Австралия

Atlantik

Атлантический океан

Pazifik

Тихий океан

Indisch Weltmeer

Индийский океан

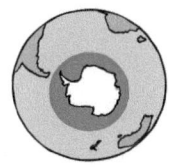

Antarktisch Weltmeer

Антарктический океан

Arktisch Weltmeer

Северный Ледовитый
океан

Noordpol

Северный полюс

Süüdpol

Южный полюс

Antarktis

Антарктика

Eerd

земля

Land

суша

See

море

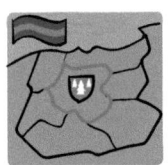

Eiland

остров

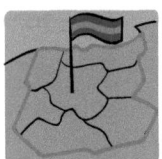

Natschoon

нация

Staat

государство

Tallenblatt

циферблат

Stunnenwieser

часовая стрелка

Minutenwieser

минутная стрелка

Sekunnenwieser

секундная стрелка

Wo laat is dat?

Который час?

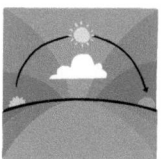

Dag

день

Tiet

время

nu

сейчас

digetaalsch Klock

электронные часы

Minuut

минута

Stunn

час

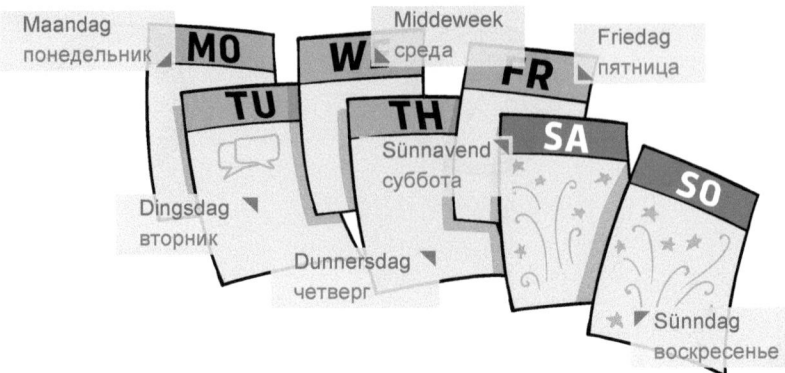

Maandag / понедельник — MO
Middeweek / среда — W
Friedag / пятница — FR
Dingsdag / вторник — TU
Sünnavend / суббота — TH, SA
Dunnersdag / четверг
Sünndag / воскресенье — SO

güstern
вчера

hüüt
сегодня

morgen
завтра

Morgen
утро

Meddag
полдень

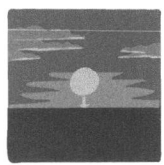

Avend
вечер

MO	TU	WE	TH	FR	SA	SU
1	2	3	4	5	6	7
8	9	10	11	12	13	14
15	16	17	18	19	20	21
22	23	24	25	26	27	28
29	30	31	1	2	3	4

Arbeitsdaag
рабочие дни

MO	TU	WE	TH	FR	SA	SU
1	2	3	4	5	6	7
8	9	10	11	12	13	14
15	16	17	18	19	20	21
22	23	24	25	26	27	28
29	30	31	1	2	3	4

Wekenenn
выходные

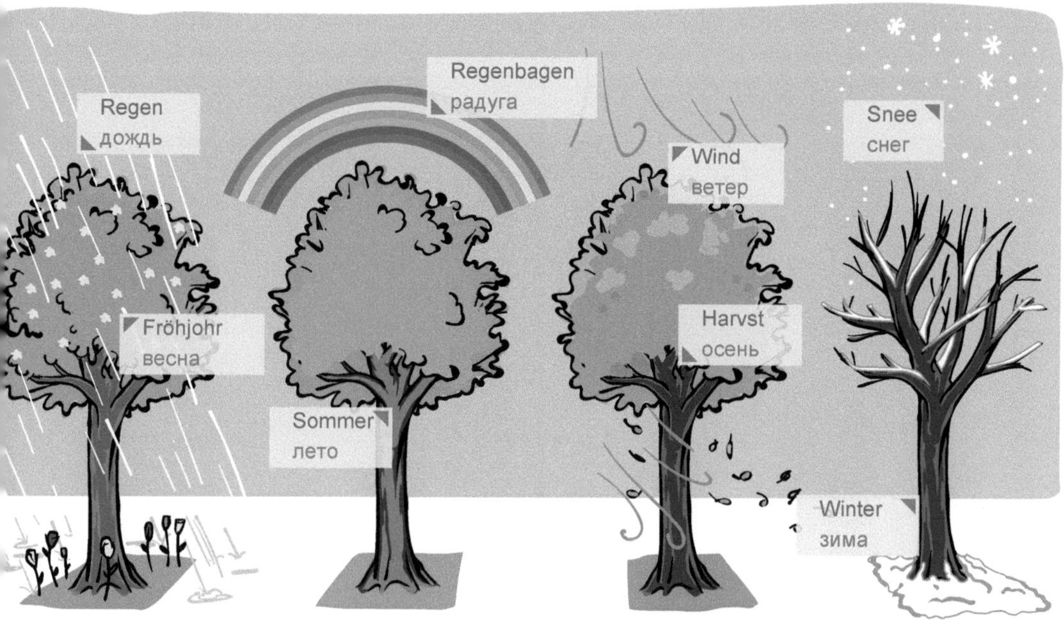

Regen
дождь
Regenbagen
радуга
Snee
снег
Wind
ветер
Fröhjohr
весна
Harvst
осень
Sommer
лето
Winter
зима

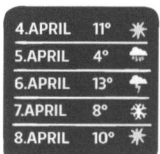

4.APRIL 11°
5.APRIL 4°
6.APRIL 13°
7.APRIL 8°
8.APRIL 10°

Wedervörhersaag

прогноз погоды

F C
120 90 60 30 0 -30
40 30 20 10 0 -10 -20

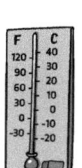

Thermometer

термометр

Sünnenschien

солнечный свет

Wulk

туча

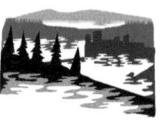

Nevel

туман

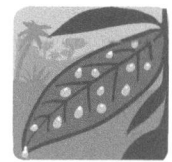

Luftfuchtigkeit

влажность воздуха

Blitz

молния

Dunner

гром

Storm

буря

Hagel

град

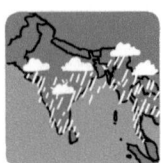

Monsun

муссон

Floot

наводнение

Ies

лёд

Januormaand

январь

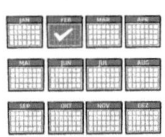

Februormaand

февраль

Martmaand

март

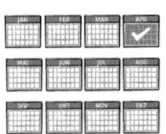

Aprilmaand

апрель

Maimaand

май

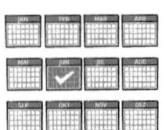

Junimaand

июнь

Julimaand

июль

Augustmaand

август

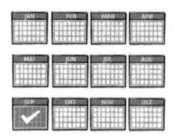

Septembermaand
....
сентябрь

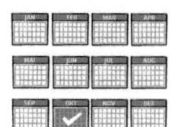

Oktobermaand
....
октябрь

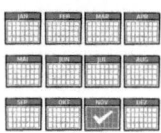

Novembermaand
....
ноябрь

Dezembermaand
....
декабрь

Formen

формы

Krink
....
круг

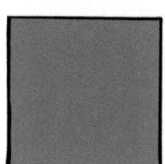

Quadrat
....
квадрат

Rechteck
....
прямоугольник

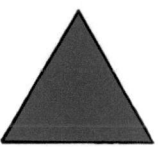

Dreeeck
....
треугольник

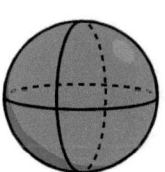

Kugel
....
шар

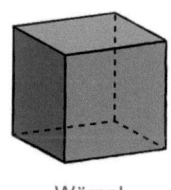

Wörpel
....
куб

witt

белый

geel

желтый

orangsch

оранжевый

pink

розовый

root

красный

lila

лиловый

blau

синий

gröön

зелёный

bruun

коричневый

gries

серый

swart

черный

противоположности

veel / wenig
....
много / мало

böös / verdreeglich
....
яростный / мирный

smuck / mies
....
красивый / уродливый

Begünn / Enn
....
начало / конец

groot / lütt
....
большой / маленький

hell / düüster
....
светлый / темный

Broder / Süster
....
брат / сестра

schier / schietig
....
чистый / грязный

kumpleet / nich kumpleet
....
полный / неполный

Dag / Nacht
....
день / ночь

doot / lebennig
....
мёртвый / живои

breet / small
....
широкий / узкий

geneetbor / nich geneetbor

....

съедобный / несъедобный

böös / fründlich

....

злой / дружелюбный

fickerig / langwielt

....

взволнованный /
скучающий

dick / dünn

....

толстый / худой

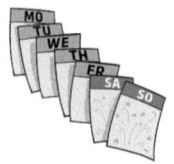

toeerst / toletzt

....

сначала / в конце

Fründ / Fiend

....

друг / враг

vull / leddig

....

полный / пустой

hart / week

....

твёрдый / мягкий

swoor / licht

....

тяжёлый / легкий

Smacht / Döst

....

голод / жажда

krank / gesund

....

больной / здоровый

nich na't Recht / na't Recht

....

незаконный / законный

klook / dummerhaftig

....

умный / глупый

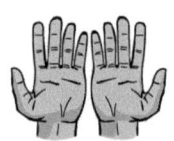

linkerhand / rechterhand

....

слева / справа

neeg / feern

....

близко / далеко

nieg / bruukt

новый / подержанный

nix / wat

ничто / нечто

oolt / jung

старый / молодой

an / ut

включено / выключено

apen / slaten

открыто / закрыто

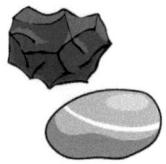

lies / luut

тихо / громко

riek / arm

богатый / бедный

richtig / verkehrt

правильный /
неправильный

ruug / glatt

шероховатый / гладкий

trurig / glücklich

ечальный / счастливый

kort / lang

короткий / длинный

suutje / flink

медленный / быстрый

natt / dröög

мокрый / сухой

warm / köhl

тёплый / прохладный

Krieg / Freden

война / мир

0	**1**	**2**
null	een	twee
ноль	один	два

3	**4**	**5**
dree	veer	fief
три	четыре	пять

6	**7**	**8**
söss	söven	acht
шесть	семь	восемь

9	**10**	**11**
negen	teihn	ölven
девять	десять	одиннадцать

12

twölf

двенадцать

13

dörteihn

тринадцать

14

veerteihn

четырнадцать

15

föffteihn

пятнадцать

16

sössteihn

шестнадцать

17

söventeihn

семнадцать

18

achtteihn

восемнадцать

19

negenteihn

девятнадцать

20

twintig

двадцать

100

hunnert

сто

1.000

dusend

тысяча

1.000.000

million

миллион

Engelsch

английский

Amerikaansch Engelsch

американский английский

Chineesch Mandarin

мандаринский китайский

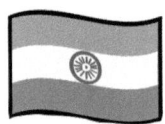

Hindi

хинди

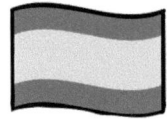

Spaansch

испанский

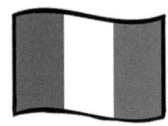

Franzöösch

французский

Araabsch

арабский

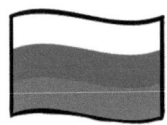

Rusch

русский

Portugiesch

португальский

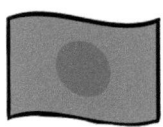

Bengaalsch

бенгальский

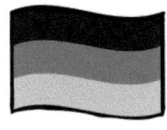

Düütsch

немецкий

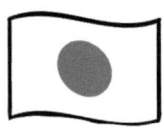

Japaansch

японский

ik

я

du

ты

he / se / dat

он / она / оно

wi

мы

ji

вы

se

они

keen?

кто?

wat?

что?

woans?

как?

woneem?

где?

wannehr?

когда?

Naam

имя

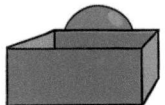

achter

за

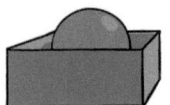

in

в

vör

перед

över

над

op

на

ünner

под

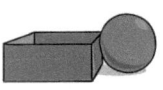

blangen

рядом

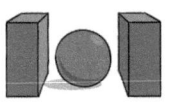

twüschen

между

Oort

место